빛과 그늘

최덕태 제2시집

도서출판 문심

시인의 말

삶의 길에는 빛과 그늘이 엇갈린다.
빛은 기쁨이요 즐거움이라면
그늘은 슬픔이요 아픔이다.
빛은 순식간에 지나치지만, 그늘은 오랫동안
우리를 괴롭히고 어렵게 만든다.
이 어렵고 괴로운 길에서 꽃씨를 심어
삶을 즐길 수 있도록 할 수 있다면……
이 고난의 길을
편안한 비단길로 만들 수 있는 것이
詩의 작업이라고 생각한다.
우리 모두 함께 손잡고 이 꽃길을 걸어갑시다.

| 차례 |

1부

포옹 · 12
봄냄새 · 13
야생마 · 14
해수욕장의 추억 · 15
까마귀 울음소리 · 16
꽃봉오리 · 18
별은 마음에서 빛나고 · 19
골목 술집에서 · 20
자화상 · 22
나비야 청산가자 · 23
갈대 · 24
어머니의 눈물 · 25
과즙 · 26
독버섯의 독백 · 27

2부

반딧불 · 30

사랑 · 31

뜬구름 · 32

두더지의 눈물 · 33

호박 · 34

빨간 사과 · 35

움 · 36

시골길 · 37

당신을 바라보며 · 38

코스모스 · 39

낙화 · 40

동백꽃 · 41

숲의 숨결 · 42

분수 · 43

| 차 례 |

3부

백도라지 · 46

신록 · 47

청춘 고백 · 48

태양의 동맥 · 49

이별의 술잔 · 50

정을 싣고 떠나는 배 · 52

쑥 · 53

해수욕장에서의 추억 · 54

별이 빛나는 밤 · 55

청보리 · 56

당신의 얼굴 · 57

비창 · 58

콩밭 · 60

가슴에 별을 안고 · 61

4부

여수 · 64

망울 · 65

빗속의 여인 · 66

서리 맞은 들국화 · 67

과즙 · 68

갈대의 숨결 · 69

나비의 꿈 · 70

초막에 초대 · 71

여명 · 72

연정 · 73

산딸기 · 74

빛과 그늘 · 75

등대 · 76

비가 내린다 · 77

| 차 례 |

5부

노을 앞에서 · 80

낙엽 · 81

이슬 사랑 · 82

산수유 · 83

날좀 보소 · 84

잃은 미소를 찾아서 · 85

불꽃 · 86

달무리 · 87

수줍은 인사 · 88

단풍 · 89

구겨진 고달픔 · 90

애태움 · 91

1부

포옹

얼싸안은 부푼 가슴에서
느긋하고 포근한 신뢰가
샘솟아 났어요
꽉 잡은 부드러운 손결에서
순결의 동맥이
넘쳐 흘렀어요
마주 보는 고운 눈매에서
불꽃 튀는 정열이
이글거렸어요
꼭 다문 입술에서
흘러나온 말은
샛별처럼 반짝이는 사랑이었어요

봄냄새

땅을 비집고
온 힘을 다해
치솟아 오른다

뭔가 향내가
코를 찌른다
참고 견딜 수 없는 충동이
전신을 쥐어짠다

드디어
파란 하늘을 봤다
새싹은
비로소 긴한 숨을 쉬고
봄 냄새를 맡았다

야생마

굴레 벗은 말은
발톱이 닳아 엉덩이에 진통이 와도
초원으로 달리고 또 달렸다

우거진 숲 산비탈
송진 내음
머루 다래 따 먹고

강줄기 따라 애꿎은 새소리를 즐기고
협곡에서 울먹이는 사슴 떼 쫓다가
굴곡진 산마루 돌샘에 비친 조각달
외로움에 허덕이며 발버둥 쳤다

해 뜨는 벌판에 서서
야생마는
스스로 가는 길인 것을
깨달았다

해수욕장의 추억

그 많은 벌거숭이가
잔잔히 파도처럼 사라졌다

따가운 입김들이
햇살을 피우는 모래톱에 숨죽였다

정열의 눈길이
소금에 절인 자갈밭에 하얗게 물들었다

이별의 손길이
일렁이는 인파의 아쉬움에 묻혔다

까마귀 울음소리

까마귀
까악 까악
가락 나게 울어서
새벽잠을 깨웠다

그 울음소리에서
어릴 때 우연히 들은
안방에서 홀로 우시던
어머니의 울음소리 그 설움

중학교 때 골목길에서
서로 사귀던 여학생의 비웃음으로
첫사랑이 버림받고
훌쩍이던 한숨 소리

가족사진 찍을 때
첫딸의 앙증맞은 웃음소리
삶의 의욕을 되찾던 젊음의 한때

까마귀 소리가
산등성마루에 부닥쳐
내 가슴에 힘차게 안겨들었다

꽃봉오리

얼어붙은 허공에
몸을 내맡겨
움츠린 봉오리

가련한 햇살을 쫓아
아깝고 알뜰한 심정이
짓밟히기만 하는가

보드레한
애달픈 망울은
화려하고 풍성한 꿈을 그린다

별은 마음에서 빛나고

뜸북 뜸북 뜸북
뜸부기 울음소리에
별들이 초롱초롱 눈을 뜨고
마음속으로 흘러
가냘프고 애달픈 숨결을 몰아쉬는 얼굴

기가 죽어 외롭게 비틀어져 어리벙 거리는 얼굴
몹쓸 짓으로 쥐구멍이라도 찾아 헤매는 가련한 얼굴
헐벗고 굶주림으로 넌더리 치는 얼굴
사랑을 잃고 가시덤불에 걸려 시달리는 얼굴
스스로 만족하여 다소곳이 웃음 짓는 얼굴

뜸북 뜸북 뜸북
밤을 지새운 울음소리는
그 얼굴들을 개울물로 씻어
별빛 속으로 함께 사라진다

골목 술집에서

책상 앞에 앉은
중등생의 올곧은 눈들이
지친 삶에 보탬을 주니

퇴근길 동료 교사와
골목 술집에서 나눠마신 한잔 술에
새로운 각오와 사명이 얼큰하다

수업 시작 벨이 울렸다
긴장감이 온몸을 감싸든다
교단에 선다는 기대감에 움튼 포부
분필 가루 마시며
정열을 쏟아 내던 청춘 어느결에 지나쳤다

정년퇴직 후 골목 술집
그때 동료와 건네는 술잔에서
세월의 덧없는 서글픔이 풀리고

헐벗은 추억의 마디에 걸린
얄미운 꿈이 갸웃거리며 미소 짓는다

서로 주름살과 흰머리 바라보며 탄식한다
인생은 산머루 쉬어 넘는 구름이구나

자화상

또렷한 눈매는
강요나 억압을 싫어했고
야무지게 다문 입은
거짓말은 아예 질색이었다

서러운 듯 멀거니 뜬 눈빛은
잃었던 짝사랑을 찾아 헤맨다
산 넘어 어슴푸레 너울진 흰 구름만을 쫓아
언제나 마음 아팠다

길쭉하고 둥근 얼굴 윤곽은
남의 상처를 한 웃음으로 풀어 다듬은
인생역전의 표정은
삶의 뒷골목에서 피운 외로운 꽃인가

겨울에 스친 초라한 모습에서
잃었던 행복을 되찾는다

나비야 청산가자

나비야
소매에 얼룩진 임의 눈물일랑
입에 물고 가지만
주름진 애달픔은 어디에 숨기냐
구성진 목소리에서
소망의 꿈을 키우고
소박한 미소에서
가련한 인정이 부풀었다
나비야 청산 가서
임의 사랑을
들판에 아로새기고
가냘픈 날개를 어루만지자

갈대

소슬바람이 불어온다
옷깃을 스치는 상긋한 기운이
그리움에 사무쳐
서러움이 움튼다
흐느끼는 갈댓잎에
회백색 꽃가루가
가을 햇살에 흩어지며
빛바랜 속삭임을 남긴다
타오르는 노을 앞에서
갈 길을 잃은 벌거숭이
아쉬움에 부푼 가슴을
달빛에 무르 녹인다

어머니의 눈물

훌쩍이는 서러움에서
고달픔이 눈뜨고
너그러운 한숨에서
소용돌이치는 아쉬움

주름진 이맛살에
땀방울이 흘러
실낱같은 소망으로
살갗에 엉기는 고달픔

달빛에 어룽지는
풀벌레 소리는
잠든 영혼을 어루만지는
사랑의 흐느낌

과즙

손바닥에 놓인 사과
꽉 깨물자
달콤한 과즙이 입속에 넘친다

떨떠름한 쓴맛은
햇살 아래서 몸부림쳐
말라붙은 껍질에
단맛을 입혔다

쓰리고 아픈 마음에
따뜻한 인정이 고여
애달픔이 녹여난다

독버섯의 독백

독버섯은
안으로 독을 품고
겉으로 흘리는 유혹의 미소가 싫었다
독이 있어야
쓰라린 아픔을 알고
내 아픔에서
남의 어려움을 이해하고
서로 어울림에서
삶의 길이 열림을 알려야 했다
독버섯은
계곡 물소리를 듣고
새벽 서리를 맞으며
유혹의 빛을 갈고 닦아야 했다
독은 보약이다

최덕태 시집
빛과 그늘

2부

반딧불

달빛에 반짝이는 반딧불
외로움에 이글거린다
풀숲에 어둠을 헤집고 피어오르는
개똥벌레 꽁무니 불빛은
밝고 깨끗하고 살갑다
풀벌레 흐느낌에 숨죽여
잃어버린 애틋한 이야기는
노을 속으로 자취를 감췄다
힘찬 날갯짓에
눈을 부라리는
처량한 벌레

사랑

잃었던 꿈에서 피워낸 새싹을
참되고 굳세고 아름답게
살찌우는 영양소

사랑은
얽히고 뭉친 애달픈 마음을
녹이고 다독거리고 어루만져 서로 즐기는
타오르는 불꽃의 정열

사랑은
촛불로 밤길을 밝혀
삶의 길을 찾아 넓히고 다지는
끊임없는 활력소

뜬구름

산봉우리를 의지한 채
홀가분한 모습이 애처롭다

온데간데없이
단간 호수에 잠겨
넋을 잃고
즐거움에 한숨 쉬는 구름

어찌할꼬
모진 바람에 갈팡질팡
뭉쳤다 흩어지는
쫓긴 신세가 가련하다

두더지의 눈물

벌판에서 땅을 파던 두더지는
꽃놀이 행상 객들이 부르는 노래에
그들의 삶의 애환이 아낌없이
녹여져 있음을 알았다

냇가에서 목을 축이던 두더지는
꽃에 싸여 꿀을 빠는 나비를 보고
사랑은 상대의 정열에서 내 살아갈 길을 찾아
힘내는 것임을 깨달았다

흙덩이를 뒤지던 두더지는
나뭇가지를 휘젓고 나는 새를 보고
자기 갈 길을 깨우치고 눈물을 흘렸다

호박

호박을 보면
뽀얀 살결에 잔주름 진
어머니 얼굴이 떠오른다

호박죽 끓여
먹어봐
하시던 말씀이
그리움을 속삭이며

달콤한 죽 맛에서
어머니의 애처로운 숨결이
고달픈 나의 삶에
호박꽃을 피운다

빨간 사과

빨간 물감 속에서
너의 고달픈 웃음이 숨 쉰다

빨갛게 익음에서
멍들었던 외로움이 풀리며

빨간 풍성함은
숨죽였던 그리움을 뿜는다

움

얼어붙은
나뭇가지에서
새움이
눈을 뜬다

새 하늘이 열린다
꿈속의
달콤한 땅 기운이
어지러운 메마른 공기를 씻어내고
곱고 착실한 봄 향기를 뿜는다

시골길

고달프고
외롭고
쓰라린 길

힘겨움이
골목마다
땀방울로 맺힌 길

오월 들녘에
꽃의 향기가
이맘때가 되면

새벽시장에서
아들의 손 잡고 임을 인
엄마의 한숨이 돼
황금만능 시대에 물든
도시 생활에 젖는
아들의 가슴에서 솟아났다

당신을 바라보며

고운 모습을 보면
부러움에서
가슴이 떨려요
찌푸린 얼굴에서
쓰라린 기쁨이
샘 솟아요

흘리는 웃음에서
남몰래 보내는 한숨이
숨죽여요

주름진 살결은
고달팠던 추억을
되살리네요

코스모스

스산한 바람에 흔들리며
한때의 향락에 취해
처량한 뒷모습을 남겨
빨간 꽃잎이 고개 숙였다

되살릴 수 없는 소망을
앙가슴에 품고
짓궂은 햇살에 시달린
코스모스

하얀 서리를
이마에 이고
몸을 움츠리며
파르르 떨고 섰다

낙화

삶에 지쳤나요
아직기력이 온몸에서 솟아나네요
지금 멈추면
소망이 물거품이 돼요
나날이 흘러가는 세월 속에서
나날이 흩어지는 애달픔이
눈망울의 빛에 녹여져 속삭이네요

꽃은
타고난 제 모양대로
제 향취
제 색깔 그대로
비와 햇살을 맞아
씨앗을 맺을 뿐
스스럼없이 보금자리를 떠난다고요

동백꽃

칼바람 비집고
끈질기게 달라붙는 추위를
몸서리치게 견뎌내어
갓 핀 빨간 동백꽃

잊었던 정열을 되살려
그리움에 몸부림치는 모습

세월의 아픔에 시달린
내 가슴에 아로새긴다

숲의 숨결

숲에서 흘러넘치는 빛줄기에
헛되게 흘린 땀방울을 씻고

숲에서 일어난 미풍을 맞아
사랑의 굶주림에서 벗어나며

숲에서 속삭이는 숨결에 젖어
애처로운 삶의 향기를 노래한다

분수

바닥이 없는 셈이되
치솟아 뿜어져
공중으로 흩어지고 싶다

막힘을 뚫은 정렬 돼
넘쳐흘러
소망했던 꿈을
끝없이 품어내고 싶다

사무친 가슴에서
사랑을 쏟아 내어
애달픈 설렘을
어루만지고 싶다

최덕태 시집
빛과 그늘

3부

백도라지

도라지 숨 쉬는 동산에
떠오르는 달에서
살가움을 받으며
포근한 아쉬움에 흐느낀다

흙 속 뿌리에 묻은
따뜻한 아쉬움에 흐느낀다
흙 속 뿌리에 묻은
따뜻한 손길은
이마에 솟는 땀방울이고
애간장을 다 녹이는 인정이다

심산계곡에서 움튼 도라지
너와 나의 오붓한 속삭임은
애달픈 사연의 소망을
꽃피운다

신록

신록이
싱그러운 맛을 맡아서
빗물을 빨며
새 기운을 뿜어낸다

일그러진 꽃 모습은
먼 추억으로 밀어내고
파란 물감에 녹여난 잎사귀

반짝이는 햇살에
풍성한 색감은
너와 나의 인정 어린 입김이여

청춘 고백

푸르게 솟아오르는 힘
고달픈 긴 수련에서 깨어나
성숙한 슬기를 얻기 위해 몸부림친다

아쉽고 애달픈 소망을 품고
속앓이를 비집고 사랑을 토해낸다

청춘은
암흑 속에서 빛을 찾고
어려운 세상에서 새싹을 거둔다

청춘이
정열의 태양이라면
그의 눈물은 그림자다

태양의 동맥

까닭도 없이
몸서리쳐지도록 미워져
고운 때 묻은
겉옷을 털고 일어선다

그리움의 자취는 까무러쳐
야무지게 다문 마음에
어설픈 한숨만 쏟아낸다

뜰에 핀 빨간 장미꽃잎에
태양의 동맥이 리듬을 타고
나비 춤추니

멍든 응어리 풀리는 소리
메아리친다

소용돌이치는
숨 가쁜 하소연이
고달프게 허우적거린다

이별의 술잔

드디어 이별의 술잔이 왔네요
술맛이 아프게 가슴을 쓰리고 울먹일 줄이야

차라리 당신을 그리워했던 사무치는 마음을
가랑잎에 묻혀 죽어가던 들국화의 넋에 심어야 했어요

오뉴월 땡볕에서 흘린 사랑의 땀방울을
정겨운 호랑나비 날갯죽지에 심었다가

하얗게 내리는 서리를 맞아 넋두리를 씻었다가
새봄에 돋는 움과 함께 소망의 나래를 피우고 싶어요

드디어 이별의 술잔이 왔네요
술맛이 아프게
가슴 쓰리고 울먹일 줄이야

차라리 당신을 그리워했던
사무치는 마음을
가랑잎에 묻혀 죽어가던
들국화의 넋에 심어야 했어요

오뉴월 땡볕에서 흘린
사랑의 땀방울을
정겨운 호랑나비 날갯죽지에 심었다가
하얗게 내리는 서리를 맞아
넋두리를 씻었다가
새봄에 돋는 움과 함께
소망의 나래를 피우고 싶어요

정을 싣고 떠나는 배

아쉽고 섭섭한 마음에 눈물이 앞을 가린다

손사래 치고 돌아서는 뒷모습의 하이얀 목덜미에
가을 햇살이 애잔히 녹아난다

손끝에 절인 입맛에 부푼 가슴 살찌우고
돌아나는 살가움에 아픈 사연 불 살린다

공교롭게 피어난 소망은 메아리 속으로 사라졌다

끝내 하지 못한 말 한마디
보이소 내 품은 정일랑 잊지 마소
봄에 피는 노란 양지꽃이 내 정이라예

쑥

아리땁고 살가운 풀잎사귀는
풍족한 너그러움으로 마음이 편안하다

욕심을 일으키지 않아 목마름이 없다

땅에서 갖가지 풀들과 쑥쑥 솟아나면서 뽐냄이 없다

수다스럽지 않으며 앉음이 얌전하고 제자리를 지킨다

안으로 보약을 품으면서 겉으로는 허술하고 쑥스럽다

해수욕장에서의 추억

그 많은 벌거숭이가
잔잔히 파도처럼 사라졌다

따가운 입김들이
햇살을 피우는 모래톱에 숨죽였다

정열의 눈길이
소금에 절인 자갈밭에 하얗게 물들었다

이별의 손길이
일렁이는 인파의 아쉬움에 묻혔다

별이 빛나는 밤

고운 눈매를 마음속에 그리다가
님의 고달픈 흐느낌에 몸서리쳤다

따뜻한 정겨움이 담긴 말을 찾아
잠자다 일어나 툇마루에 나섰다

아차
홀로 떨어진 별자리에서
보고 싶다
임의 속삭이는 말을 찾았다

시답지 않은 웃음에서 생색을 내고
마음의 응어리를 풀었다

청보리

언 땅을 비집고
싹을 피운 보리
서러움에 애태우며 서성거린다

살갗에 닿는
잎의 보드라움이
살갑게 향수에 젖는다

이웃끼리 담 넘어 보낸
눈웃음으로
보리의 인정을 살찌운다

숨 가쁜 보릿고개는
땀 흘리며 속삭이던
헐벗은 아쉬움의 자취

당신의 얼굴

메마른 어수리 연녹색 잎에서
애처로운 얼굴의 당신을 찾았어요

어기차게 힘들었던 뒷바라지 뚝심은
세월의 모래 속에 묻혔고
애꿎은 일이 한숨에 섞여
밤마다 애간장 태워
지치고 여윈 형색이지만
순정을 옷깃에 숨긴
당신은 넋두리는커녕
궁색하지 않았다

어쭙잖은 일에 흘린 당신의 웃음
보랏빛 장막이 돼 집안에 웃음꽃을 피웠고
끝이 보이지 않은 한줄기 무지개를 안고
허덕이는 나에게
당신의 얼굴은 따뜻하게 한잔의 물이었다

비창

울부짖는 목소리는
비좁게 터지며 흩어지고
안간힘을 쏟으며 몸부림친다

핍박의 망치로 두들겨도
꺾이지 않고
유혹의 쇠사슬로 묶어도
잡히지 않으며
비틀어도 튕겨 나갔다

정의를 외치는
가시 돋는 입김은 말라붙었고

변심을 누리는 고달픔은
흐느낌에 아우성친다

가슴에 얼어붙은 애처로움은
밀려드는 구슬픔 녹여

아픔은 미련을 삼켜 버리고
설움은 한숨을 토해 버린다

콩밭

뙤약볕에 익은 콩은
지겹도록 엉겨 붙은
미련의 껍질을 살짝 어루만져서
속살의 상처가 굳어지기 전에
이슬에 젖은 그대로의 알몸으로
따가운 해를 가슴으로 안아야 했다

구성진 메아리가
땀 밴 삼베 적삼에서 우러나고
뜬구름의 세월이
갈라진 주름에서 묻어날 때
눈물 씻은 해맑은 얼굴로
함초롬한 보름달을 맞는다

가슴에 별을 안고

생기 뛰는 시장 바닥에
마늘 고추 오이 파 담은
다랑어를 펼쳐 놓았다

목구멍이 포도청이라
고개 한번 들고
지나는 사람 얼굴 쳐다보지 못했다

독버섯 자란 뒤 자취인지
메말라가는 아쉬움이 애를 태웠다

허기진 창자에 애꿎은 생수만 들이키고
고운 때 묻은 점퍼 앞자락만 만진다

정오의 햇살이 언제나 아쉬웠다
이윽고 날이 저물어
집으로 발길을 서두르는 가슴에 별이 솟았다

최 덕 태 시집

빛과 그늘

4부

여수

안개 속에서
몸부림치던 모습
아련히 가물거리고
방긋이 웃던 얼굴
손사래 치며 사라졌다

디딤돌 골라 굴리고
닦던 정성은
속절없는 소망이 됐다

가물거리는 발자국 소리 따라
고갯길 숲속에서 울먹이는
소쩍새가
속앓이 응어리를 풀어준다

망울

얼어붙은
동백가지
매달린 망울에
파르스름한 물방울이 엉겼다

언제쯤
꽃방울이 입을 벌려
연분홍 입술을 내밀지

기다리는 마음에
밤새 함박눈이 내려
얼룩진 서글픔이 쌓인다

한숨어린 눈물 자취에
휘말리는 꽃바람

빗속의 여인

가랑비 내려
비꼬인 마음에
추억의 안개를 피우며
가냘프게 소망을 속살거린다

아쉽다
그립다
보고 쉽다

비는 내려
뒤틀린 애달픔에
애꿎은 눈물만 아롱거린다

하염없이
비는 내려
무거운 발걸음을 재촉한다

서리 맞은 들국화

빈 술잔에 한숨 채우고
멈춰선 허황한 마음에
한줄기 꿈이 색깔을 잃었다

따가운 햇살 아래서
정겨움을 피우던 너와 나의 입김은
따돌림을 당했고

피 말리는 애태움은
속절없는 소망으로
그림자만 남겼다

가시덤불에 엉킨 몸에서
향기 품은 들국화 숨결은
절개의 끄나풀을 이었다

과즙

손바닥에 놓인 사과
꽉 깨물자
달콤한 과즙이 입속에 넘친다

떨떠름한 쓴맛은
햇살 아래서 몸부림쳐
말라붙은 껍질에
단맛을 입혔다

쓰리고 아픈 마음에
따뜻한 인정이 고이어
애달픔이 녹여난다

갈대의 숨결

어디선가 멀리서 아롱거리며
속삭이는 소리
부풀어 오르는 추억의 실마리가
흐느적 거린다

애처롭게 품은 아픔의 흔적은
순정의 하소연인가
화려한 꿈은 거친 세파에 휘말리고
향기 품은 미소는 싸늘한 비바람에 씻긴다

고이 간직한 그리움만
조간한 애태움이고
헐벗은 기다림은
갈대의 숨결에서 떨고 있다

나비의 꿈

나비는
꽃의 색감에 젖어
꿀맛이 주는 미소를
꽃잎 이슬에 새긴다

곱게 다듬은
날개 죽지에서
묻어난 향기는
기다림에 지친 애태움

꽃의 숨결에 숨어들어
부푼 소망에 몸부림쳐
산새 소리 음률에 맞춰
실랑이는 바람에 춤춘다

나비야 청산 가자

초막에 초대

초막 들창으로
엇비슷이 달빛이 흘러들고
너럭바위 두드리는 물소리 들린다

샛별 미소를 품은
그대의 표정이
풀벌레 소리에서 숨 쉰다

구름진 아픔을 이슬이 빛내고
땀 흘린 보람이 꽃을 피워
초막의 고적 속에서 그리움의 열매가 영근다

여명

검은 장막 내리고
관중은 사라져
무대는 숨 쉴 틈이 막혔다

파란 잎사귀는
스며든 빨간 물감에 녹아서
찬 서리에 메말랐다

정에 시달린
멍든 가슴에
사랑의 꿈자리가 자취를 감췄다

얼어붙은 나뭇가지에
새싹이 피기에는
세월의 햇빛이 움터야 했다

연정

흐느낌이 몸에 쌓이면서
마음은 즐거웠고
가슴에 파고드는 속삭임은
떨리는 슬픔이었다

그대의 부드러운 머리카락은
꽃길에 엮은 비단결이었고
미소짓는 눈언저리에
정열이 불탔다

흐르는 세월에 안겼던 추억은 멀고
애달픈 소망은 가깝다

산딸기

살갑고
풍만하며
생기 넘치고
알뜰살뜰하다

꽃향기에 씻기고
세월의 괴로움에서
빨갛게 익는 웃음

빛과 그늘

고달픔이
서러움에 차면
멍든 가슴에
슬픔이 그늘을 이룬다

괴로움도
참고 견디면
기쁨이 되고
그늘이 빛이 된다

빛은
꽃을 피우지만
꽃의 향기는
고달픈 눈물에서 솟는다

등대

외로운 바위섬 등대는
파도에 씻기면서 고달픔을 잊었다

험난한 날에는 아우성으로 몸부림치고
울부짖는 하소연이 파도에 메아리쳤다

전설이 끊긴 외톨박이지만
햇살과 바람 속에서 새풍속을 펼쳤고

지나가는 뱃고동 소리에
인정의 빛을 보내고 삶의 기둥이 됐다

비가 내린다

창밖에
시름없이 비가 내려
가로수에 얼룩진
티끌을 씻어
파란 색감을 빛내는데

내 마음
텃밭 먼지는
까맣게 찌들어
지친 넋두리만
가시덤불처럼 쌓인다

최덕태 시집

빛과 그늘

5부

노을 앞에서

숨찬 안간힘으로
줄을 타고 돌아가는 해는
목마른 하소연이
애타는 가슴에 넘치자
힘차게 토해내
붉은 물감을 하늘에 펼쳤다

노을 속에서 보랏빛으로 단장한 여인이
사뿐히 걸어 나와
사랑을 잃은
나그네에게
손짓하며 미소를 보낸다

낙엽

허공에서
갈 길을 잃고
하염없이 헤매는
낙엽 하나

빨갛게 물들인
정열을 불사르며
이슬의 신의를 품고
보금자리를 찾아 추억을 되씹는다

이슬 사랑

풀잎에 매달린 이슬이
햇빛에 반짝일 때
사무친 그리움에
아픔의 눈물이 마르기 전에
정열의 줄기참이
숨 고르게 바쁘게
그대 가슴에서
사랑의 싹이 움튼다

산수유

노란 꽃잎이
눈웃음으로 방글거리며
손사래 친다

나 어때서
살랑이는 바람에 감춘
가슴 조이는 아픈 추억은
꽃향기에 사라졌다

갈라진 길목에서 들리던
구성진 새 울음 메아리가
애달픈 한숨만 남겼다

나른한 햇살에 입 맞추며
예쁨을 뽐내는 너
고맙구나

날좀 보소

풀벌레 훌쩍이는 소리에
가슴이 떨려 돌아보니
긴 그림자 손짓했다

애꿎은 한숨이 장단쳐
곱다란 아쉬움 쌓인
골목길에서

한줄기 고달픔이
안개 속으로 사라졌다
고개 숙인 할미꽃
모진 바람에 몸부림친다

날좀보소
동지섣달 꽃 걸듯이
날좀보소

잃은 미소를 찾아서

햇살에 그을은 얼굴에
번지는 미소가
노을 속에서 가물거린다

방글거리며
뽀얀 입술을 내미는 모습에서
창공을 가르는
학의 기상이
새겨지기까지는
삶의 고비에서
발버둥쳐야 했다

그래 아직 일어날 수 있어
고운 미소 다시 지어야지
어서 가자 앞으로

불꽃

새 기운이
사무치게 용솟음쳐
서로 맞물린 안간힘 겨루기에서
알맹이로 살찌우고
거죽은 불태우면

불쏘시개에 불은
아우성치는 불티 살이
과녁의 정통을 꿰뚫어
참됨을 깨우치자
빗발치는 환희는
군중을 몸부림치게 한다

달무리

얼룩진 허연 태 속에서
꿈틀거리는 달은

죄어드는 안간힘에 지쳤다
아쉬움에 사무쳐
고달픈 한숨에
그리움이 메아리친다

간지러운 얄미움이
속아리 터져
멍든 가슴을 살포시 쥐어짠다

가련한 달에서 너그러운 빛이
어렴풋이 새어 나온다

수줍은 인사

그리운 아쉬움에
몸을 떨며
고개 숙인다

어쭙잖은
쑥스러움에서
흥겨움이 흘러나온다

돌아서니
앙가슴에서
부풀어 오르는 고마움

단풍

꿈에 주린 파란 빛에
빨간 물감이 엉기기까지
애씀의 땀방울이
새벽이슬에 젖어들어
숨통을 튀었다

빈 술잔에 채우는
허물어진 순정의
비뚤어진 아픔에서
가지에 달린 빨간 감이
외로움에 떨고 있다

구겨진 고달픔

숲속에 잠든 빛이
안타깝다

멀어진 인연을
부여잡는 넋두리는
하얀 모래성에 묻혔다

고개 넘는
그대의 발자취는
가슴에 부풀어 올라
안타까움에
치밀어 오르는 눈 홀김

애태움

눈 깜짝할 사이에
멀어져 간
초라한 모습에서
죄어드는 안타까움

고개 숙인 가슴에
자욱이 넘쳐나는
애태움은
아스라이 들려오는
어머니 주름살의 속삭임

빛과 그늘

인쇄일 2024년 12월 05일
발행일 2024년 12월 10일

엮은이 최덕태
펴낸이 박선옥
펴낸곳 도서출판 문심

등록번호 제2017-000012호
주소 부산시 수영구 수영로 668, 810호(광안동 화목 O/T)
전화 051)752-7524 / 010-2831-4523
메일 psok0403@hanmail.net

ISBN 979-11-90511-34-6 03810

값 15,000원

* 본 사업은 2024년 한국예술인복지재단 창작
  지원(디딤돌)으로 제작되었습니다.

저작권자 ⓒ 2024, 최덕태
이 책의 저작권은 저자에게 있습니다. 서면에 의한 저자의 허락없이 내용의 일부를
인용하거나 발췌하는 것을 금합니다.